내 아들아
네 아비의 훈계를 들으며
네 어미의 법을 떠나지 말라
이는 네 머리의 아름다운 관이요
네 목의 금사슬이니라.

잠언 1:0 0

아들을 위한
1분 기도

One-Minute Prayers
for My Son

호프 리다 지음 | 김태곤 옮김

ONE-MINUTE PRAYERStm FOR MY SON

Copyright ⓒ 2006 by Harvest House Publishers
Published by Harvest House Publishers
Eugene, Oregon 97402 USA.
www.harvesthousepublishers.com
All rights reserved.

Korean Edition published by Word of Life Press, Seoul, 2007.
Translated and published by permission.
Printed in Korea.

아들을 위한 1분 기도

ⓒ 생명의말씀사 2007

2007년 11월 20일 1판 1쇄 발행
2023년 2월 15일   19쇄 발행

펴낸이 | 김창영
펴낸곳 | 생명의말씀사

등록 | 1962. 1. 10. No.300-1962-1
주소 | 서울시 종로구 경희궁1길 6 (03176)
전화 | 02)738-6555(본사) · 02)3159-7979(영업)
팩스 | 02)739-3824(본사) · 080-022-8585(영업)

기획편집 | 태현주, 조해림
디자인 | 염혜란
인쇄 | 영진문원
제본 | 다온바인텍

ISBN 978-89-04-15738-9 (04230)
ISBN 89-04-00130-7 (세트)

저작권자의 허락없이 이 책의 일부 또는 전체를
무단 복제, 전재, 발췌하면 저작권법에 의해 처벌을 받습니다.

아들을 위한
1분 기도

*One-Minute Prayers
for My Son*

제 아들에 관한 모든 것과 주께서
이 아이를 위해 마련하신 길을 제게 가르쳐주소서.

생명의말씀사

목차 Contents

- 출생 *Birth* 008

010 가족 *Family*
016 사랑 *Love*
022 건강 *Health*
028 친구들 *Friends*
034 장래 *Future*
040 지혜 *Wisdom*
046 개성 *Individuality*
052 힘 *Strength*
058 행복 *Happiness*
064 공경 *Respect*
070 안전 *Safety*
076 놀이 *Play*

082 교육 *Education*

088 기도 *Prayer*

094 목적 *Purpose*

100 신뢰 *Trust*

106 근면 *Diligence*

112 성격 *Character*

118 태도 *Attitude*

124 선택 *Choices*

130 겸손 *Humility*

136 관용 *Generosity*

- 생명 *Life* 142

출생

여호와께서 아심

초음파 사진으로 아들의 얼굴 윤곽을 보기 전에, 그 아이가 우리 가족에게 가져다줄 기쁨을 제가 이해하기 전에, 아들을 제 품에 안기도 전에, 주께서는 그 아이를 이미 알고 계셨습니다. 주님은 아들의 강점과 약점을 아셨습니다. 아들이 지루할 때면 입술을 깨물며 순수한 애정으로 저를 와락 끌어안을 것임을, 주님은 알고 계셨습니다.

주여, 제가 아들을 대면하기 전부터 주께서 아들의 아름다운 얼굴과 영혼을 지으셨습니다. 제 아들에 관한 모든 것과 주께서 이 아이를 위해 마련하신 길을 제게 가르쳐주소

Prayers for My Son

서. 아들을 주시고 저로 하여금 보살피게 하셨사오니 아들을 영원토록 주의 임재 속으로 인도하게 하여 주소서.

여호와의 말씀이 내게 임하니라 이르시되 내가 너를 복중에 짓기 전에 너를 알았고 내가 태에서 나오기 전에 너를 구별하였고 너를 열방의 선지자로 세웠노라 하시기로 _예레미야 1:4-5

Family

가족
Family

여호와 하나님이여 나는 누구오며 내 집은 무엇이관대 나로 이에 이르게 하셨나이까 하나님이여 주께서 이것을 오히려 작게 여기시고 또 종의 집에 대하여 먼 장래까지 말씀하셨사오니 여호와 하나님이여 나를 존귀한 자같이 여기셨나이다 _역대상 17:16-17

약속의 말씀

하나님 아버지, 제게 사랑할 가족을 주셨을 뿐만 아니라, 장래의 소망에 대해서도 말씀하셨습니다. 아들의 삶 속에서 그것을 보게 하시니 참으로 감사합니다. 진실로, 주께서 그 선하심과 은혜를 한 세대에만 국한시키지 않으시고 온 가족이 길이 간직할 신앙의 유산으로 만들어주실 줄 믿습니다.

자녀의 삶과 미래를 위한 제 기도를 들으소서. 제 자녀가 주의 보살핌을 받고 있음을 압니다. 주님이 그 아이를 지금까지 이끄셨고, 주께서 제게 하셨던 약속의 말씀을 제 아들에게도 주실 것이라는 사실에 평안을 느낍니다.

주님의 더 큰 비전

주의 계획이 영영히 선다는 것이 어찌나 든든한지요. 부모 자식 간의 의견 충돌도, 이해 부족도, 왠지 일이 잘 풀리지 않는 날도, 아들과 우리 가족을 향하신 주님의 목적과 이 분주한 세상을 향하신 주님의 더 큰 비전을 무너뜨리지는 못합니다.

주의 은혜와 신실하심을 의지할 수 있다는 것이 얼마나 놀라운 선물인지요. 주께서 한 부모와 한 아들을 통해 모든 이들에게 주의 도를 알리실 것을 믿습니다.

여호와의 도모는 영영히 서고 그 심사는 대대에 이르리로다 _시편 33:11

하나님은 고독한 자로 가속 중에 처하게 하시며 수금된 자를 이끌어 내사
형통케 하시느니라 오직 거역하는 자의 거처는 메마른 땅이로다 _시편 68:6

고독한 자를 위해

어른들만 고독을 느끼는 것은 아닙니다. 아이들도 버림받은 듯한 기분을 쉽게 느낍니다. 어른과의 대화에서, 운동장에서, 수업 시간에 어려운 과목을 배울 때 쉽게 고독해집니다. 하나님, 아들이 고독을 느낄 때 주님의 약속을 상기시켜 주소서. 절망감에 사로잡히게 하고 자신의 목적에 대해 의심하게 만드는 무익한 생각들로부터 벗어나게 하소서.

주여, 가족 간에 대화가 많게 하시니 감사합니다. 우리 가족은 심지어 기분이 언짢을 때에도, 항상 소속감을 갖습니다. 제 아들이 반역의 길로 나아가지 않도록 도와주시길 간구합니다. 주님을 바라보면 결코 외롭지 않다는 사실을 아들에게 상기시켜 주소서. 아이가 하나님 아버지의 집에서 항상 가족을 발견할 것입니다.

A Personal Prayer for My Son

아들을 위한
나의 기도

사랑
Love

새 계명을 너희에게 주노니 서로 사랑하라 내가 너희를 사랑한 것같이 너희도 서로 사랑하라 너희가 서로 사랑하면 이로써 모든 사람이 너희가 내 제자인 줄 알리라 _요한복음 13:34-35_

주님을 알기를 원합니다

저는 주님의 사랑을 깊이 그리고 개인적으로 알고 있습니다. 주님, 제 아들이 우리 가정에서 사랑의 본보기를 보며 느끼는지요? 제가 가능한 한 많이 주님의 마음을 드러내는 본이 되기를 원합니다. 자녀를 무조건적으로 깊고 강하게 사랑함으로써 아이가 주님을 알기를 원합니다.

제가 아들을 제대로 격려하지 못할 때, 더 나은 방법을 제게 알려주소서. 또한 우리가 새로운 심령과 강건한 삶을 위해 사랑의 근원이신 주님께 나아가야 할 때, 결코 머뭇거리지 말고 주의 이름을 부르게 하소서.

불가능한 사랑

하나님 아버지, 한 사람을 사랑하기가 왜 이리 어렵습니까? 제 아들은 때로 외고집이며 성마릅니다. 부당한 일을 당하면 오래도록 잊지 못합니다. 필요한 대가를 치르지도 않고서 지금 당장 모든 것을 갖고 싶어 합니다. 이것은 제 모습이기도 합니다.

선행을 쌓으려는 인간의 노력으로는, 제 아들이나 저 자신이나 이 사랑에 이르지 못합니다. 우리는 중간에 다리를 놓아 중재하시는 하나님의 아들을 붙들어야 합니다. 제 아들을 도우셔서 주님이 제게 보여주신 것을 볼 수 있게 하소서. 주의 은혜로 온전해지는 가족을 통해 불가능한 사랑의 희미한 빛을 보게 하소서.

사랑은 오래 참고 사랑은 온유하며 투기하는 자가 되지 아니하며 사랑은 자랑하지 아니하며 교만하지 아니하며 무례히 행치 아니하며 자기의 유익을 구치 아니하며 성내지 아니하며 악한 것을 생각지 아니하며 _고린도전서 13:4-5

누구든지 그의 말씀을 지키는 자는 하나님의 사랑이 참으로 그 속에서 온전케 되었나니 이로써 우리가 저 안에 있는 줄을 아노라 저 안에 거한다 하는 자는 그의 행하시는 대로 자기도 행할지니라 _요한일서 2:5-6

주님의 사랑을 확신하도록

아들이 크고 작은 문제들을 놓고서, "아빠가(혹은 엄마가) ……를 어떻게 알아요?" 하고 묻습니다. 가장 간명한 증거가 아이에게 확신을 줍니다. 주여, 이런 소중한 시간을 잘 활용하도록 도와주소서. 이 시간 아들은 그리스도께서 가장 소중히 여기는 것을 지니고 있습니다. 그것은 바로 어린아이의 순수한 마음입니다.

제 아들로 하여금 자신을 향한 주님의 사랑을 확신하게 해주소서. 제가 먼저 순종과 긍휼의 삶을 살기를 원합니다. 이것은 제 의지로 되지 않고 오직 주의 임재를 통해서만 가능합니다. 아이의 확신 속에 힘을 실어 주심을, 그리고 끝까지 이루신다는 주님의 약속에 감사드립니다.

A Personal Prayer for My Son

아들을 위한
나의 기도

Health

건강
Health

스스로 지혜롭게 여기지 말지어다 여호와를 경외하며 악을 떠날지어다
이것이 네 몸에 양약이 되어 네 골수로 윤택하게 하리라 _잠언 3:7-8

자녀의 안전

세상은 너무나 위험합니다. 하룻저녁 뉴스만 들어도, 자녀의 안전이 염려됩니다. 자녀의 안녕을 주님께 의탁하오니 아들의 길을 인도하셔서 위험과 죄악에 빠지지 않게 하소서. 성령의 지혜와 감동으로 아들의 마음을 채우셔서 굳건한 믿음 위에 서게 하소서.

주여, 제가 아들을 항상 지켜볼 수는 없습니다. 아이의 안전과 보호를 주께 의탁합니다. 주의 눈이 결코 아들을 떠나지 않으실 줄 믿습니다. 주께 간구하오니, 아이의 눈도 주님의 자애로우신 얼굴을 결코 외면하지 않게 하소서.

영적 양식

아들은 음식이란 가만히 앉아서 주문만 하면 나오는 것으로 압니다. 아들이 제대로 된 음식을 먹기 위해서는 제 도움이 필요하듯이, 영적 양식을 먹기 위해서는 주님의 도우심이 필요하다는 것을 알게 하소서.

주여, 간구하오니 아들이 살아가면서 '좋은 영적 양식'을 기억하도록 그 심령을 소생시키소서. 주를 향한 자원하는 심령으로 말미암는 기쁨과 온전함을 갈급하게 하소서.

주의 구원의 즐거움을 내게 회복시키시고 자원하는 심령을 주사 나를 붙드소서 _시편 51:12

고침을 받은 사람이 그가 누구신지 알지 못하니 이는 거기 사람이 많으므로 예수께서 이미 피하셨음이라 _요한복음 5:13

치유의 손길

주님은 우리를 영적으로, 신체적으로, 정서적으로 치유하십니다. 간구하오니, 아들이 누리는 모든 좋은 것들은 늘 주님의 은혜 덕분인 것을 알게 하소서. 자신을 누가 치유했는지 몰랐던 사람과는 달리, 제 아들이 어떤 식으로든 회복될 때에는 그의 생각이 먼저 주님을 향하게 하소서. 또한 치유의 손길을 필요로 할 때마다 주님을 찾게 하소서.

주님, 이 말씀에는 또 다른 교훈도 있습니다. 그것을 아들의 가슴에 새겨 주소서. 친절과 자비의 행위를 사람 앞에 드러낼 필요는 없으며, 무슨 이적이라도 베푼 것처럼 갈채를 받을 필요도 없다는 것입니다.

A Personal Prayer for My Son

아들을 위한
나의 기도

Friends

친구들
Friends

나의 친구는 나를 조롱하나 내 눈은 하나님을 향하여 눈물을 흘리고 사람과 하나님 사이에와 인자와 그 이웃 사이에 변백하시기를 원하노니 _욥기 16:20-21

다른 사람을 위하는 마음

주여, 어린아이의 입술에서 나오는 귀한 기도가 저로 하여금 신앙의 기초를 돌아보게 합니다. 우리는 다른 사람들을 사랑하며 배려해야 합니다. 우리의 마음은 긍휼히 여김을 위해 만들어졌사오니 제 자녀에게 기도의 심령을 주셔서, 그와 친구들의 관심을 날마다 주께로 돌이키게 하소서. 저는 주께서 행하신 놀라운 일들을 고백하는 자녀의 음성을 듣고 싶습니다.

주여, 주님은 어린아이를 기도의 용사로 만드실 수 있습니다. 우리 가족이 무릎을 꿇음으로써 하나님의 강한 용사를, 어려운 자들과 친구들을 위해 기도하는 용사를 만들기를 원합니다.

영원한 우정

경건한 친구는 너무나 소중한 선물이지만, 이 사실을 자각하지 못하곤 합니다. 제 아들이 세상으로 나갈 때-처음에는 몇 시간 동안, 그 다음에는 며칠 동안, 그리고 몇 년 동안 저를 떠나 있을 때-주님을 알며 주의 길을 존중하는 자들과 어울리도록 도와주소서. 주의 법도를 지키게 하시며 주를 경외하는 자들과 사귀게 하소서.

온 땅은 주님을 증거하는 것들로 가득합니다. 제 아들로 하여금 주님을 믿는 자들을 만나게 하시며 하는 행동마다 주님을 드러내는 자가 되게 하소서. 좋은 친구와 경건한 사람이 되게 하소서.

나는 주를 경외하는 모든 자와 주의 법도를 지키는 자의 동무라 여호와여 주의 인자하심이 땅에 충만하였사오니 주의 율례로 나를 가르치소서
_시편 119:63-64

형제를 사랑하여 서로 우애하고 존경하기를 서로 먼저 하며 _로마서 12:10

배려하는 마음

주여, 제 아들을 도우셔서 다른 사람들을 먼저 배려하고 존중하게 하소서. 이타심은 말로 가르칠 수 없는 것입니다. 그것을 배우려면 경험이 필요합니다. 간구하오니, 제 아들이 다른 이들에게 사랑과 친절을 베풂으로써 얻는 잔잔한 기쁨을 어릴 적부터 알게 하소서. 이 사랑과 친절은 독생자 예수께서 우리에게 보여주신 것입니다.

제 아들을 이끄셔서, 가족과 친구들에게 주님의 사랑을 나타내게 하시고, 퉁명스러운 세상 사람들로 인해 낙심하지 않도록 지켜주소서. 이 시대의 정신이 아니라 주의 성령께서 그를 인도하시기를 원합니다.

A Personal Prayer for My Son

아들을 위한
나의 기도

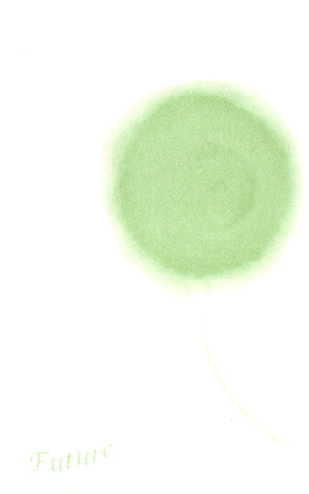

Future

장래
Future

주께서 옛적에 땅의 기초를 두셨사오며 하늘도 주의 손으로 지으신 바니이다 천지는 없어지려니와 주는 영존하시겠고 그것들은 다 옷같이 낡으리니 의복같이 바꾸시면 바뀌려니와 주는 여상하시고 주의 년대는 무궁하리이다 주의 종들의 자손이 항상 있고 그 후손이 주의 앞에 굳게 서리이다 하였도다 _시편 102:25-28

주의 연대는 무궁하리이다

땅의 기초와 우주를 지으신 주의 손이 제 자녀의 몸과 마음과 심령을 지으셨습니다. 저는 이 점을 잊지 않습니다. 어떻게 잊을 수 있겠나이까? 매일 저는 아들의 깊은 내면을 얼핏 들여다봅니다. 저는 아이가 유일무이한 존재이며 하늘에 계신 아버지를 닮은 모습으로 지음 받았음을 깨닫습니다.

하나님 아버지, 주님은 한결같으십니다. 이 사실이 저를 기쁘게 합니다. 제 자녀가 자신의 창조주께 언제나 의뢰할 수 있을 것이기 때문입니다. 주께서 처음부터 알고 계셨던 아들을 영원토록 주의 임재 속에 들이소서.

살아가는 모든 날 동안

제 아들은 이미 실망을 경험해 왔습니다. 경기하는 날에 비가 오고, 잔뜩 기대했던 장난감이 광고 내용과는 다릅니다. 친구가 약속을 어깁니다. 단기적인 것과 일회용품을 중요시하는 이 세상에서, 제 아들에게 장기적인 비전을 주시기를 주께 간구합니다.

아들로 하여금 자신의 일평생이 주님 안에서 안전하다는 사실을 알게 하소서. 그의 소망과 모든 행동들이 주님의 계획과 일치하게 하소서. 살아가는 모든 날 동안 주의 임재와 주의 영원하신 약속들을 의지하게 하소서.

정녕히 네 장래가 있겠고 네 소망이 끊어지지 아니하리라 _잠언 23:18

내일 일을 위하여 염려하지 말라 내일 일은 내일 염려할 것이요 한 날 괴로움은 그 날에 족하니라 _마태복음 6:34

근심하지 말라

자녀의 염려만큼 부모의 마음을 어지럽히는 것도 없습니다. 제가 자녀에게 위로와 해결책을 제시하려고 애쓰다 보면, 자녀의 문제와 관심사가 곧 저 자신의 것이 됩니다.

주여, 아들의 마음이 다급해지고 근심에 사로잡힐 때, 주님의 평안을 내려 주소서. 아들의 생각이 명료하게 정리되게 하시며 주의 약속들을 기억하게 하소서. 내일의 문제들에 대한 염려를 그의 생각에서 제거하시고, 오늘을 보증하시는 주의 약속을 붙들게 하소서.

A Personal Prayer for My Son

아들을 위한
나의 기도

Wisdom

지혜
Wisdom

또한 네가 청년의 정욕을 피하고 주를 깨끗한 마음으로 부르는 자들과 함께 의와 믿음과 사랑과 화평을 좇으라 _디모데후서 2:22

순전한 심령

주여, 제 아들을 완벽하게 아시는 주께 감사드립니다. 주님은 청년의 정욕에 대해서도 잘 아십니다. 이 성경 말씀은 일찍 배울수록 좋은 교훈입니다.

악한 것을 근사하게 보이게 하는 세상에서, 순전한 심령에 대한 갈망을 제 아들에게 넣어 주소서. 의를 추구하며 주의 인도를 사모하는 마음을 주소서. 청년에게 불가피한 유혹들을 거부할 수 있는 용기를 허락하소서. 주님은 제 아들을 지으셨고, 아시며, 또한 온전히 사랑하십니다.

여호와께서 명하신 길

주님, 제 아들이 평생 동안 주님과 동행하게 해주소서. 주의 계명을 따르는 가운데 장수를 누리며 또한 중요한 일들에 있어서 번창하는 복을 얻게 하소서. 신실한 우정, 애정 어린 가족생활, 성공적인 생업, 그리고 주님을 깊이 앎으로써 비롯되는 만족을 얻게 하소서.

제 아들의 심령을 일깨우셔서, 주의 계명의 지혜를 깨닫게 하시며, 주의 말씀에 순종하는 삶의 영적 부요함을 체험하게 하소서.

너희 하나님 여호와께서 너희에게 명하신 모든 도를 행하라 그리하면 너희가 삶을 얻고 복을 얻어서 너희의 얻은 땅에서 너희의 날이 장구하리라 _신명기 5:33

여호와여 주의 도로 내게 가르치소서 내가 주의 진리에 행하오리니 일심으로 주의 이름을 경외하게 하소서 _시편 86:11

흔들리지 않는 마음

주님, 제가 배운 삶의 교훈들을 아들에게 즉시 전해 주고 싶을 때가 더러 있습니다. 하지만 아들과 주님과의 동행은 하나의 긴 여정일 것입니다. 저 역시 그랬습니다. 가르침을 받는 순간도 있고 후회스러운 과오를 범하는 때도 있을 것입니다.

흔들리지 않는 마음을 아들에게 허락하소서. 갈림길에 이르렀을 때, 주의 길을 밝히 보이소서. 범사에 주의 진리를 존중하며 주의 경외로우신 이름을 부르게 하소서. 또한 일평생 주께서 함께 하신다는 확신을 심어 주소서.

A Personal Prayer for My Son

아들을 위한
나의 기도

개성
Individuality

너희에게는 오히려 머리털까지도 다 세신 바 되었나니 두려워하지 말라 너희는 많은 참새보다 귀하니라 _누가복음 12:7

제 아들을 주님의 것으로

제 아들의 머리털을 유일무이하며 소중한 것으로 여기시는 분이 저 외에 또 있다는 것은 참으로 기분 좋은 사실입니다. 저는 아들이 주님 안에서 자신의 가치를 발견할 수 있기를 기도합니다. 주의 사랑으로 고무된 확신은 그 누구도 앗아가지 못할 것입니다.

작은 참새 한 마리도 주님의 눈길에서 벗어나지 못합니다. 창조주 하나님, 우리 각자에게 베푸시는 주의 과분한 사랑에 감사드립니다. 제 아들의 모든 머리털과 모든 호흡을 세시는 주께 감사드립니다. 제 아들을 주님의 것으로 여기시니 참 감사합니다.

주님의 놀라우신 솜씨

주님이 빚으신 제 아들의 몸과 인격은 참으로 놀랍습니다. 주여, 아들이 주의 놀라우신 솜씨를 결코 당연시하지 않게 하소서. 주님의 돌보심을 보여주는 확실한 증거를 인하여 주께 찬양드리게 하소서. 탁월한 디자이너이신 주님의 작품들을 충분히 알게 하소서.

저 또한 제 생명이 주의 손으로 만들어진 이적임을 충분히 이해하기 원합니다. 주께서 저를 사랑하심을 압니다. 제가 부모 역할을 제대로 하지 못할 때, 주의 은혜와 돌보심을 기억히게 하소서.

내가 주께 감사하옴은 나를 지으심이 신묘막측하심이라 주의 행사가 기이함을 내 영혼이 잘 아나이다 _시편 139:14

각각 하나님께 받은 자기의 은사가 있으니 하나는 이러하고 하나는 저러하니라 _고린도전서 7:7

하나님이 주시는 은사와 재능

아주 일찍부터 비교가 시작됩니다. 다른 아이들의 재능과 강점에 주목하고 자신과 비교하는 아들의 모습을 볼 때, 저는 "하나는 이러하고 하나는 저러하니라"는 주님의 말씀에 너무나 감사합니다.

제 아들을 도우셔서 모든 은사의 원천이신 주님을 인식하며 주께 영광 돌리게 하소서. 간구하오니, 자신의 재능으로 인해 교만에 빠지거나 부족한 재능으로 인해 자신을 과소평가하지 않게 하소서. 만나는 모든 이들에게서, 하나님께로부터 받은 특성들을 재빨리 파악하게 하소서.

A Personal Prayer for My Son

아들을 위한
나의 기도

Strength

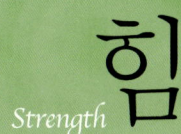

힘
Strength

내 형제들아 너희가 여러 가지 시험을 만나거든 온전히 기쁘게 여기라 이는 너희 믿음의 시련이 인내를 만들어 내는 줄 너희가 앎이라 인내를 온전히 이루라 이는 너희로 온전하고 구비하여 조금도 부족함이 없게 하려 함이라 _야고보서 1:2-4

상처 입을 때

시련에 처한 아들을 보는 것은 정말 견디기 힘든 일입니다. 아주 작은 모욕이 아들에게 상처를 주며, 때로는 그를 당황케도 합니다. 주여, 제 아들이 크고 작은 곤경에 직면할 때, 결코 혼자가 아니라는 사실을 알고서 인내하며 안심하도록 가르쳐주소서. 주의 성령으로 아들의 심령을 위로하소서. 주의 은혜가 없이는, 기쁨과 고통은 서로 아무런 관련이 없습니다. 후자로부터 전자를 가져다줄 수 있는 분은 주님뿐이십니다. 제 아들이 시험당할 때, 간구하오니 장애 요인들을 기회로 활용할 수 있는 지혜를 주시고, 주님을 아는 지식과 신앙을 성장시킬 기회로 삼게 하소서.

마음을 강하게

힘과 용기는 제 아들이 좋아하는 것입니다. 만화에 등장하는 영웅들의 팬이며, 악당들을 물리치는 상상을 즐깁니다. 주여 간구하오니, 제 아들이 영육간의 실제 대적을 만날 때, 주님을 바라보게 하소서. 가장 먼저 주님을 의지하게 하소서.

제 아들이 역경에 처할 경우에 주께서 그의 첫 번째 의지처가 되어 주소서. 그로 하여금 확신 가운데 굳게 서게 하시며, 자신을 넘어뜨리려는 자들을 두려워하지 않도록 붙들어 주소서. 주와 함께 걷는 아들의 걸음을 지키심으로 말미암아, 결코 자신을 떠나지 않으실 것이라는 주님의 약속을 확신하게 하소서.

너는 마음을 강하게 하고 담대히 하라 그들을 두려워 말라 그들 앞에서 떨지 말라 이는 네 하나님 여호와 그가 너와 함께 행하실 것임이라 반드시 너를 떠나지 아니하시며 버리지 아니하시리라 _신명기 31:6

누구든지 네 연소함을 업신여기지 못하게 하고 오직 말과 행실과 사랑과 믿음과 정절에 대하여 믿는 자에게 본이 되어 _디모데전서 4:12

어린아이다운 순전한 믿음

제 아들의 취침 기도에는 별의별 내용이 다 들어 있습니다. 그는 개미들을 주신 주님께 감사하고, 수학 문제를 도와 달라고 부탁드리며, 또한 TV에 나오는 굶주리고 깡마른 아이들을 위해서도 기도합니다. 그는 주께서 모든 얘기에 귀 기울이신다고 굳게 믿습니다.

주님은 정말 그러하십니다. 제 아들의 단순하고 강력한 믿음을, 어린아이다운 순전한 믿음을 계속 지켜주소서. 그로 하여금 다른 신자들에게 복이 되게 하시며, 아직 주님을 알지 못하는 자들을 위한 모범이 되게 하소서.

A Personal Prayer for My Son

아들을 위한
나의 기도

Happiness

행복
Happiness

내가 비천에 처할 줄도 알고 풍부에 처할 줄도 알아 모든 일에 배부르며 배고픔과 풍부와 궁핍에도 일체의 비결을 배웠노라 내게 능력 주시는 자 안에서 내가 모든 것을 할 수 있느니라 _빌립보서 4:12-13

일체의 비결

어린아이들은 비밀을 좋아합니다. 저는 제 아들이 만족의 비밀을 배우고 명심하기를 바랍니다. 어릴 때부터, 주변 상황에 연연하지 않고 주님 안에서 한결같은 기쁨을 발견하게 하소서.

또한 주님, 제 아들이 비밀을 혼자서만 간직하는 데에는 서툴게 하소서. 가난하든 부요하든, 그로 하여금 만족의 근원을 담대히 말하게 하소서. 그의 행동과 태도를 통해 부단히 주님을 증거하게 하소서.

내 사랑을 전하라

제 아들이 제게 순종하고 저를 공경할 때 저는 마치 하늘을 나는 기분입니다. 하지만 반항할 때에는 제 마음이 아픕니다. 아들이 "난 더 이상 아빠를(엄마를) 좋아하지 않아요." 하고 말해도, 저는 "사랑해."라고 다독거립니다. 설득하는 것은 힘든 일입니다.

그러나 주님은 그 방법을 아십니다. 주님의 지고하신 명령은 주님의 지고한 선물이기도 합니다. 주님은 무한한 사랑을 제공하시며, 우리가 불평을 터뜨리다가 마침내 "나도 주님을 사랑해요."라고 고백할 수밖에 없을 때까지 주님은 우리와 함께 계십니다. 주여, 우리를 온전하게 하시니 감사합니다.

> 내가 아버지의 계명을 지켜 그의 사랑 안에 거하는 것같이 너희도 내 계명을 지키면 내 사랑 안에 거하리라 내가 이것을 너희에게 이름은 내 기쁨이 너희 안에 있어 너희 기쁨을 충만하게 하려 함이니라 내 계명은 곧 내가 너희를 사랑한 것같이 너희도 서로 사랑하라 하는 이것이니라 _요한복음 15:10-12

어떤 사람에게든지 하나님이 재물과 부요를 주사 능히 누리게 하시며 분복을 받아 수고함으로 즐거워하게 하신 것은 하나님의 선물이라 저는 그 생명의 날을 깊이 관념치 아니하리니 이는 하나님이 저의 마음의 기뻐하는 것으로 응하심이니라 _전도서 5:19-20

재산은 하나님의 선물

제 아들은 현재를 즐깁니다. 과거에 그다지 집착하지 않습니다. 아들에게 미래는 애매한 영역입니다. 함께 할 몇몇 친구들과 '현재' 할 일을 제 아들에게 가르쳐주소서.

제 아들이 현재를 소중히 여기며 만족하는 소박한 자세를 늘 잊지 않기를 원합니다. 현재의 부요함에 만족하는 것은 너무나 소중한 은혜입니다. 오늘 우리 가족에게 주어진 모든 것들로 인해, 부모로서 주께 감사하는 마음을 갖도록 저를 도와주소서.

A Personal Prayer for My Son

아들을 위한
나의 기도

Respect

공경
Respect

자녀들아 너희 부모를 주 안에서 순종하라 이것이 옳으니라 네 아버지와 어머니를 공경하라 이것이 약속 있는 첫 계명이니 이는 네가 잘되고 땅에서 장수하리라 _에베소서 6:1-3

부모를 공경함

하나님 아버지, 제 아들이 합당한 이유를 분명히 갖고 부모를 공경하게 하옵소서. 단지 제가 또는 하나님이 부모를 공경하라고 말씀하셨다는 이유로 순종하지 않게 하시고, 가정의 평화와 안전한 주위 환경, 서로를 돕기 위한 순전한 마음을 소중한 것으로 깨달아 순전한 부모 공경의 마음이 우러나게 하소서.

부모 공경에 있어서 주님이 주신 이 말씀이 아들의 삶에 깊은 영향을 끼치기를 원합니다. 아들의 친구들과 동료들, 미래의 아내가 아들이 그들을 대하는 방법에서 하나님을 볼 수 있도록 해주소서. 반드시 지켜야 할 긍휼과 사랑을 동반한 이 계명을 주심을 감사드립니다.

주의 성령에 민감하도록

때때로 저는 화를 내며 성마른 모습으로 아들을 바로잡으려 합니다. 물론 저의 질책이 사려 깊고 꼭 필요한 것일 때도 있습니다. 어떤 것이 생명의 경계인지를 그가 어떻게 분간해야 합니까?

주님, 아들과 제가 주의 성령에 민감하게 하소서. 행동의 변화를 요구하는 질책을 받을 때 제 아들의 양심이 민감해지게 하소서. 저의 질책이 아들의 유익을 위하는 마음에서 나오는 것이 아닐 때에는 제 입을 막으소서. 그래야만 아들이나 저나 지혜를 잃지 않을 수 있습니다

생명의 경계를 듣는 귀는 지혜로운 자 가운데 있느니라 _잠언 15:31

여호와께서는 모든 넘어지는 자를 붙드시며 비굴한 자를 일으키시는도다
_시편 145:14

일으키시는 주님

주여, 제 아들을 보면서, 저는 어린 시절이 참으로 탈도 많은 시기임을 새삼 느낍니다. 넘어져 무릎이 까지고, 콧물을 질질 흘리며, 기분이 상하는 경우가 잦습니다. 이 시간이 바로 자신을 거듭 추스르며 다시 시도해야 할 시기입니다.

하나님 아버지, 제 아들이 넘어질 때 그를 붙들어 주심을 감사합니다. 아이들의 작은 고통도 가볍게 여기지 않으시며 또한 더 큰 고통을 겪는 어른들을 보살피시는 주님께 감사드립니다. 제 아들이 문제에 직면하여 고개를 떨굴 때, 그로 하여금 머리를 들게 하시며 이해하고 살피며 치유하시는 주님을 찬양하게 하소서.

A Personal Prayer for My Son

아들을 위한
나의 기도

Safety

안전
Safety

주의 성실하심은 대대에 이르나이다 주께서 땅을 세우셨으므로 땅이 항상 있사오니 _시편 119:90

견고한 바위

주여, 땅과 바위들이 우리의 이목을 끕니다. 수북이 쌓인 먼지 속에서 거미들이 피난처를 찾습니다. 제 아들은 주께서 지으신 자연을 사랑합니다. 믿음직한 친구처럼 여깁니다. 세상은 그의 놀이터이자 생활 터전입니다.

제 아들의 심령 속에 창조주 하나님이 주시는 영적인 것들을 향한 즐거움도 일깨워 주소서. 주님의 고요한 임재 속에 그를 감싸셔서, 위안과 보호를 느끼게 하소서. 돌과 바다와 나무를 만드신 분이 함께 계시되, 땅이 항상 있듯이 대대로 함께 하실 것임을 제 아들에게 알려 주소서.

진리를 기뻐함

저는 아들이 결코 죄악을 기뻐하지 않기를 바랍니다. 하지만 사실은 그렇지 않습니다. 때로는 자신이 싫어하는 사람에게 좋지 않은 일이 일어나기를 바라는 것이 인간의 마음입니다. 남에게 좋지 않은 소문을 퍼뜨리기도 합니다.

주여, 주님이 사랑하시는 것을 사랑하도록 제 아들에게 가르쳐주소서. 친절한 마음을 늘 간직하게 하시며, 잔인한 생각을 품지 않게 하소서. 신뢰와 소망을 바탕으로, 상대방의 반응에 관계없이 늘 동정심을 나타낼 수 있게 하소서. 제 아들을 주님이 빛으로 채우셔서, 주님을 사랑하는 자의 본을 보이게 하소서.

불의를 기뻐하지 아니하며 진리와 함께 기뻐하고 모든 것을 참으며 모든 것을 믿으며 모든 것을 바라며 모든 것을 견디느니라 _고린도전서 13:6-7

여호와께서 너를 지켜 모든 환난을 면케 하시며 또 네 영혼을 지키시리로다 여호와께서 너의 출입을 지금부터 영원까지 지키시리로다 _시편 121:7-8

부모의 기도

주여, 이 말씀은 부모의 기도입니다. 참으로 큰 위안을 느끼게 합니다. 제 아들을 환난으로부터 보호하소서. 제가 그를 지킬 수 없을 때 주께서 지켜주소서. 새로운 일을 시도하는 그의 발걸음을 인도하소서. 일이 잘 풀린다고 생각될 때 교만에 빠지지 않게 하소서. 죄악이 행위로는 물론이고 태도로도 나타난다는 점을 깨우쳐 주소서.

지금, 제 아들이 집에 있으므로, 제가 그를 살피며 훈계하고 권면할 수 있습니다. 하지만 솔직히 제 사랑이 부족하다는 것을 저는 알고 있습니다. 제 아들과 저는 주님의 도우심이 절실히 필요합니다. 지금부터 영원까지 지켜주시는 주님께 감사드립니다.

A Personal Prayer for My son

아들을 위한
나의 기도

play

놀이
Play

춤추며 그의 이름을 찬양하며 소고와 수금으로 그를 찬양할지어다 _시편 149:3

주님을 찬양하며

저는 아들이 춤추는 모습을 보는 것을 좋아합니다. 아들은 아장아장 걸을 때부터, 북소리를 들으면 신나게 몸을 흔들곤 했습니다. 그것은 아이가 배운 동작이 아니라 단지 기쁨이 저절로 표현된 것입니다.

저는 아들이 주님의 임재를 느끼거나 주님의 작품을 인식할 때에도 저절로 그런 반응을 나타내기를 기도합니다. 그의 일생토록, 말과 노래와 행실을 통해 주님을 찬양하게 하소서.

구하라, 찾으라, 즐거워하라

숨바꼭질의 절반의 재미는 찾는 데 있습니다. 1부터 10까지 천천히 세면서 발자국 소리를 듣습니다. 숨을 만한 장소들을 머릿속에 그립니다. 술래와 숨은 자가 마주치는 순간, 서로 깜짝 놀라며 스릴을 느낍니다.

주여, 제 아들로 하여금 평생토록 주님을 찾게 하소서. 이는 항상 주님을 찾아다닌다는 뜻이 아니라, 주님에 관한 새로운 사실들을 발견하며 주님과 더불어 더욱 깊이 동행한다는 뜻입니다. 아들로 하여금 주님의 성품을, 주의 이름 속에 담긴 뜻을 찾게 하소서. 제 아들이 주님과의 관계를 새롭게 해주는 소중한 순간들을 기뻐하기를 기도합니다.

그 성호를 자랑하라 무릇 여호와를 구하는 자는 마음이 즐거울지로다 _역대상 16:10

그 때에 우리 입에는 웃음이 가득하고 우리 혀에는 찬양이 찼었도다 열방 중에서 말하기를 여호와께서 저희를 위하여 대사를 행하셨다 하였도다 여호와께서 우리를 위하여 대사를 행하셨으니 우리는 기쁘도다 _시편 126:2-3

기쁨과 찬양으로 채운 심령

저는 이 시편을 좋아합니다. 이 내용을 읽으면 절로 웃음이 납니다. 어린아이의 천진난만한 모습이 떠오릅니다. 제 아들은 무엇인가로 인해 흥분하면, 펄쩍펄쩍 뛰고 소리를 지릅니다. 자신의 경험을 최대한 표현하려 합니다. 그는 자신이 말한 내용을 주변 사람들이 단지 '아는' 데서 그치지 않고 그것을 '느끼기를' 원합니다.

주여, 저는 아들이 영적인 삶에서도 이같은 순간들을 경험하기를 기도합니다. 그의 심령을 기쁨과 찬양으로 채우시며, 모든 이들에게 그 이유를 열정적으로 전하게 하소서. 우리가 주께 속한 존재들로서 예배드릴 수 있게 해주심을 감사드립니다.

A Personal Prayer for My son

아들을 위한
나의 기도

Education

교육
Education

하나님은 그 권능으로 큰 일을 행하시나니 누가 그같이 교훈을 베풀겠느냐 _욥기 36:22

참된 교육

제 아들이 말을 처음 했을 때, 저는 너무나 뿌듯했습니다. 제 눈에는 아들이 천재처럼 보였습니다. 사람들을 만날 때마다 자랑하고 싶었습니다. 저는 주께서 가장 중요한 삶의 교훈들을 제 아들에게 가르쳐주실 거라고 믿습니다. 그가 주께 기도하며 주의 뜻을 따르는 것이 무엇인지를 알게 될 때, 주님이 영광을 받으실 것입니다.

제 아들의 삶은 주님의 손 안에 있습니다. 그가 태어나던 날에 영적 교육이 이미 시작되었습니다. 그를 지으신 창조주보다 더 위대한 스승은 없습니다. 이 사실에 감사드립니다.

준비된 학생

주여, 제 아들에게 자발적이고 겸손한 심령을 주소서. 주님의 가르침과 지혜에 항상 마음 문을 열게 하소서. 저와 다른 사람들의 가르침이 주께서 그에게 주시길 원하는 지식을 훼방하지 않기를 기도합니다.

제 아들을 가르치는 자들과 인도하는 자들이 항상 바르고 선한 것을 가르치길 소망합니다. 그의 마음을 그릇된 교훈으로부터 지키시며, 그의 생각과 심령을 새로워지게 하셔서 항상 주님의 가르침을 갈망하게 하소서.

여호와는 선하시고 정직하시니 그러므로 그 도로 죄인을 교훈하시리로다 온유한 자를 공의로 지도하심이여 온유한 자에게 그 도를 가르치시리로다 _시편 25:8-9

마땅히 행할 길을 아이에게 가르치라 그리하면 늙어도 그것을 떠나지 아니하리라 _잠언 22:6

진리를 떠나지 않기를

제 아들은 마음이 조급해지면 잠시도 가만히 있지 못하고 꿈틀댑니다. 슈퍼마켓에서 아이의 손을 잡으면, 그는 제 손을 빠져나가려고 몸을 뒤집다시피 합니다. 제가 그에게 무엇인가를 가르치려 하면, 그는 다른 데에다 주의를 기울입니다. 아들을 잘 키워서 주님과 주님의 지혜를 떠나지 않게 할 수 있도록 도와주소서.

주님, 제 아들에게 주의 길을 가르치려 합니다. 언제든 주께서 그를 가르치실 때 그 마음이 진리를 떠나지 않게 해주시기를 간구하나이다.

A Personal Prayer for My Son

아들을 위한
나의 기도

prayer

기도
Prayer

너희가 기도할 때에 외식하는 자와 같이 되지 말라 저희는 사람에게 보이려고 회당과 큰 거리 어귀에 서서 기도하기를 좋아하느니라 내가 진실로 너희에게 이르노니 저희는 자기 상을 이미 받았느니라 너는 기도할 때에 네 골방에 들어가 문을 닫고 은밀한 중에 계신 네 아버지께 기도하라 은밀한 중에 보시는 네 아버지께서 갚으시리라 또 기도할 때에 이방인과 같이 중언부언하지 말라 저희는 말을 많이 하여야 들으실 줄 생각하느니라 _마태복음 6:5-7

참된 기도

상대방의 비위를 맞추는 말은 잠시 동안은 효력을 발휘하지만, 얼마 지나지 않아 진실에서 벗어나고 맙니다. 놀랍게도, 그것은 기도 생활에서도 나타날 수 있습니다. 우리는 고상한 말이나 짜임새 있는 간구와 찬양을 올리지만 진리의 핵심을 잃을 때가 더러 있습니다. 그럴 때 주님과의 친밀한 관계를 잃기 쉽습니다. 주님의 임재 안에서 진실하게 말하는 심령을 제 아들에게 주소서. 사용하는 말보다는 올바른 심령에 초점을 맞추게 하소서. 또한 외모에 치중하는 거짓된 신앙에 몰두하지 않고 겸손한 태도로 하나님과의 진실한 대화를 위해 노력하게 하소서.

자녀의 신앙고백

어린아이의 입에서 신앙고백을 듣는다는 것은 특별한 즐거움입니다. 하지만 그로 하여금 무엇인가를 고백하게 하는 일이 그리 힘든 것은 아닙니다. 놀랍게도, 그는 TV에서 방영되는 것, 식당에서 먹는 음식들, 혹은 주께서 우주를 창조하신 방법 등에 대한 여러 가지 의견들을 나름대로 지니고 있습니다. 저는 아들이 매일 주님 앞에 설 때마다 순종하는 심령으로 신앙고백을 할 수 있기를 기도합니다.

제 아들이 무릎 꿇고 기도할 때마다 만유의 주님이신 하나님께 대한 확신이 더욱 건고해지게 하옵소서.

하나님이 그를 지극히 높여 모든 이름 위에 뛰어난 이름을 주사 하늘에 있는 자들과 땅에 있는 자들과 땅 아래 있는 자들로 모든 무릎을 예수의 이름에 꿇게 하시고 모든 입으로 예수 그리스도를 주라 시인하여 하나님 아버지께 영광을 돌리게 하셨느니라 _빌립보서 2:9-11

내가 여호와인 줄 아는 마음을 그들에게 주어서 그들로 전심으로 내게
돌아오게 하리니 그들은 내 백성이 되겠고 나는 그들의 하나님이 되리라
_예레미야 24:7

사랑의 답례

세상에서 우리는 자신이 노력하고 선한 일을 시도하면 수고한 대가를 반드시 얻는다는 것을 배웁니다. 신앙생활에 따르는 축복은 우리가 주님의 품안에 안길 수 있다는 것입니다. 주님은 우리의 본향 길을 아시며 그 길을 친히 알려주십니다. 우리가 그리스도인으로서 항상 위대한 길을 걸을 수는 없지만, 주님을 더 잘 알기 위해 항상 노력할 수는 있습니다.

저는 아들이 늘 기도하기를, 심지어 의심이나 곤경에 빠져 있을 때에도 기도하기를 원합니다. 그래서 주님의 자녀로서 사랑받는, 신앙의 축복을 충분히 이해할 수 있기를 기도합니다.

A Personal Prayer for My son

아들을 위한
나의 기도

purpose

목적
Purpose

곧 너를 사랑하시고 복을 주사 너로 번성케 하시되 네게 주리라고 네 열조에게 맹세하신 땅에서 네 소생에게 은혜를 베푸시며 네 토지 소산과 곡식과 포도주와 기름을 풍성케 하시고 네 소와 양을 번식케 하시리니 _ 신명기 7:13

주님의 축복

아들에 관해 염려할 때마다, 그의 삶을 더 나아지게 하려고 애쓸 때마다 저는 그에게 목적을 주셔서 그것을 이루게 하시는 것이 주님의 축복임을 깨닫습니다. 저는 아들의 존재와 매일의 삶과 미래를 일일이 염려할 필요가 없습니다. 왜냐하면 그것들은 모두 주님의 손에 달려 있기 때문입니다.

주여, 장래에 제 아들을 붙드시고 축복해 주소서. 그의 삶이 선하고 거룩하며 주님을 기쁘시게 하는 것이게 하소서. 그에게 목적과 소명을 허락하소서. 그리고 그의 모든 존재와 소유를 보살펴 주옵소서.

모든 것이 합력하여

어린아이에게 인생과 신앙과 삶의 목적을 설명하는 것은 어려운 일입니다. 저도 아들에게 주님에 관해 가르치려고 여러 차례 시도했습니다. 그러나 아들을 위한 신앙 교육은 매일의 삶과 경험을 통해 이루어져야 함을 저는 깨달았습니다. 아이가 실패하고 넘어져서 자신의 길을 찾지 못할 때도 있을 것입니다. 나아갈 길을 분명히 보며 선한 행실을 확신 있게 드러낼 때도 있을 것입니다.

간구하오니, 아들로 하여금 모든 것을 주께 맡기게 하소서. 그리하여 시련과 승리와 의혹의 때를 포함한 모든 것이 주님의 목적을 위해 사용되게 하옵소서.

우리가 알거니와 하나님을 사랑하는 자 곧 그 뜻대로 부르심을 입은 자들에게는 모든 것이 합력하여 선을 이루느니라 _로마서 8:28

나의 사랑하는 자들아 너희가 나 있을 때뿐 아니라 더욱 지금 나 없을 때에도 항상 복종하여 두렵고 떨림으로 너희 구원을 이루라 너희 안에서 행하시는 이는 하나님이시니 자기의 기쁘신 뜻을 위하여 너희로 소원을 두고 행하게 하시나니 모든 일을 원망과 시비가 없이 하라 _빌립보서 2:12-14

주님은 거기 계십니다

아이들이 자라서 어른이 되는 것은 한편으로 아쉽지만 또 한편으로는 기쁜 일입니다. 자녀와 멀리 떨어져 지낼 때도 있을 것입니다. 그럴 땐 언제나 함께 계시는 주님께 대한 믿음이 더욱 절실해집니다.

제가 곁에서 격려하거나 인도해 주지 못할 때에도, 주님은 아들과 함께 계십니다. 제가 쓸데없이 참견하거나 압박하고 있다는 생각에 뒤로 물러설 필요가 있을 때, 주님이 제 아들의 마음에 역사하셔서 주의 선하신 목적에 맞는 삶으로 이끌어 주소서. 아들을 놓아줘야 할 때를 알기를 원합니다. 주님을 꼭 붙들어야 할 때를 제 아들에게 알려 주소서.

A Personal Prayer for My Son

아들을 위한
나의 기도

Trust

신뢰
Trust

여호와를 의뢰하여 선을 행하라 땅에 거하여 그의 성실로 식물을 삼을지어다 또 여호와를 기뻐하라 저가 네 마음의 소원을 이루어 주시리로다 _ 시편 37:3-4

신뢰의 문제

간구하오니, 제 자녀가 항상 즐거이 주님을 사랑하게 하소서. 아들의 웃음소리를 들으면 눈물이 날 정도로 기쁘고 고맙습니다. 아들의 주님을 신뢰하는 믿음이 주님께도 동일한 기쁨을 드릴 줄로 믿습니다.

저는 자녀가 가장 좋은 것을 얻기를 원합니다. 제 자녀가 바라는 것을 얻게 하시며 그의 마음이 주님을 더 잘 알기를 항상 간구하게 하소서.

주를 의지하는 삶

주여, 제가 주님을 의뢰하는 법을 아들에게 제대로 보여주고 있나이까? 때로는 저의 초조함이, 우리를 보살피시는 주님을 온전히 신뢰할 수 있다고 하는 소중한 메시지를 훼방합니다. 저의 두려움이 주님의 은총을 거부할 때, 저의 연약한 인간성 너머에 있는 것을 볼 수 있는 눈을 제 아들에게 허락하소서. 어린아이의 신뢰심이 상처를 입지 않게 해주소서.

신뢰의 삶을 살아가는 확신과 용기를 갖기를 원합니다. 제 아들을 위해 신앙의 길이 본을 보여주기를 원합니다. 제 아들이 결코 삶을 두려워하지 않게 해주소서.

내가 두려워하는 날에는 주를 의지하리이다 내가 하나님을 의지하고 그 말씀을 찬송하올지라 내가 하나님을 의지하였은즉 두려워 아니하리니 혈육 있는 사람이 내게 어찌하리이까 _시편 56:3-4

너는 마음을 다하여 여호와를 의뢰하고 네 명철을 의지하지 말라 너는 범사에 그를 인정하라 그리하면 네 길을 지도하시리라 _잠언 3:5-6

확신에 찬 믿음

제 도움을 받지 않고 자신의 힘으로 일을 처리하려는 깊은 욕구를, 저는 아들의 눈에서 읽을 수 있습니다. 전적으로 의지하던 자녀가 반항적인 모습을 보일 때, 그 실망감은 대단합니다. 이런 변화에 어떻게 대처해야 합니까? 주님, 이 같은 때에 저는 기도하기를 원합니다. 자신의 뜻만 고집하지 않도록 제 자녀를 막아 주소서.

하나님 아버지, 제 아들의 마음과 생각을 다스리소서. 모든 상황에서 주님의 지혜와 깨우침을 의뢰하며 신뢰하게 하소서. 그의 방황하는 걸음을 보호하시며 그 길을 평탄케 하셔서, 이리저리 우회하지 않고 주님의 진리를 향해 분명하게 뻗은 길로 행하게 하소서.

A Personal Prayer for My son

아들을 위한
나의 기도

Diligence

근면
Diligence

나는 아직 내가 잡은 줄로 여기지 아니하고 오직 한 일 즉 뒤에 있는 것은 잊어버리고 앞에 있는 것을 잡으려고 푯대를 향하여 그리스도 예수 안에서 하나님이 위에서 부르신 부름의 상을 위하여 좇아가노라 _빌립보서 3:13-14

목표

아이들은 스포츠나 스포츠 행사에 곧잘 몰입하곤 합니다. 어려서부터 승리의 달콤함과 패배의 비통함을 맛봅니다. 위험 부담이 더 큰 일을 당하면 제 아들은 어떻게 하겠습니까?

제 아들의 눈앞에 당장은 목표 지점이 보이지 않더라도 마음먹은 일은 꾸준히 추진해 나갈 수 있기를, 저는 기도합니다. 패배를 경험할 때 주여, 제 아들을 붙들어 주소서. 그가 승리를 맛볼 때에는 주님께 영광을 돌리게 하소서.

징계

징계를 통한 교육은 쉬운 일이 아닙니다. 저는 편안한 마음으로 아들을 징계할 거라고 늘 생각했습니다. 하지만 그 생각을 지키기가 점점 더 힘들어지는 것을 느낍니다. 저는 주께서 제 삶에 개입해 주시길 원합니다. 주님의 변함없는 힘에 언제나 위안을 느낍니다. 주께서는 기분이나 상황의 변화에 상관없이 한결같으시다는 사실이 큰 안도감을 갖게 합니다.

주여, 제가 아들에게 위안과 힘이 될 수 있도록 도와주소서. 제 아들을 도우셔서 삶이 보호막이 되어 주는 규례들을 잘 지키는 법을 배우게 하소서. 올바른 행실을 통해 주께 기쁨과 영광을 드리게 하소서. 올바른 행실이 저의 가르침이기 이전에 하나님이 명하신 것임을 깨닫게 하소서.

네 자식을 징계하라 그리하면 그가 너를 평안하게 하겠고 또 네 마음에 기쁨을 주리라 _잠언 29:17

진리를 사고서 팔지 말며 지혜와 훈계와 명철도 그리할지니라 _잠언 23:23

무엇을 살 것인가

오늘날에는 누구나 팔 것을 지니고 있습니다. 어떤 것들은 너무나 귀하게 보여서 이것들을 넘겨 준다는 것은 어리석기 짝이 없는 듯합니다.

하나님 아버지, 저는 아들이 분별력을 갖길 원합니다. 제 아들이 거짓과 불행을 파는 자들을 만나면 서둘러 자리를 피하게 하옵소서. 그러나 진리를 제시하는 자들을 만나면 걸음을 멈추고 귀를 기울이게 하소서.

제 아들이 무엇을 버리며 무엇을 보존할 것인지는 자신에게 달렸습니다. 하지만 주님 간구하오니, 그의 선택을 지도해 주소서. 저는 그가 지혜와 훈계를 단단히 붙들기를 소원합니다. 왜냐하면 이들이 우리를 참된 부요함으로 이끌기 때문입니다.

A Personal Prayer for My Son

아들을 위한
나의 기도

Character

성격
Character

우리가 환난 중에도 즐거워하나니 이는 환난은 인내를, 인내는 연단을,
연단은 소망을 이루는 줄 앎이로다 _로마서 5:3-4

인내는 연단을

요즘 아이들의 근면성에 대해 염려되는 때가 더러 있습니다. 누구나 평탄하고 안전하며 원하는 목적지까지 보장하는 포장도로를 원합니다. 하지만 때로는 과속방지턱과 자그마한 웅덩이와 우회로가 경건한 성품 함양을 위해 꼭 필요합니다.

하나님 아버지, 교통 체증으로 인해 긴 시간 동안 운전석에 가만히 앉아 있어야 할 때 인내의 모범을 보이기를 원합니다. 재정적인 곤경에 처할 경우에는, 그것을 주님의 섭리를 신뢰하는 계기로 삼기를 원합니다. 그리스도인의 삶에 대한 소망으로 우리를 이끄소서.

선한 벗들

주여, 주님을 사랑하는 자들과 친하게 지내도록 제 아들을 이끄소서. 제 아들이 어른으로 성장해 가면서 기독교 공동체에 둘러싸이게 하소서. 주의 길을 따르지 않는 자들을 가까이하지 않도록 지켜주소서.

아들에게 옳고 그름에 대해 가르칠 때 제게 통찰력을 허락하소서. 다른 사람들을 대할 때 분별력을 갖게 해주소서. 너그럽게 용서하는 마음과 분명한 선을 긋는 지혜도 우리에게 허락하소서. 제 아들의 성격을 지키셔서 그의 삶이 주께 기쁨이 되게 하소서.

속지 말라 악한 동무들은 선한 행실을 더럽히나니 _고린도전서 15:33

진리를 좇는 자는 빛으로 오나니 이는 그 행위가 하나님 안에서 행한 것임을 나타내려 함이라 _요한복음 3:21

의의 빛

주의 빛에 이끌리는 삶에는 다른 어떤 에너지원이나 열정이 필요하지 않습니다. 간구하오니, 제 아들의 성품이 그리스도 안에 확고한 뿌리를 내림으로써 그의 심령으로부터 의의 빛이 발산되게 하소서.

제 아들이 주의 말씀을 바탕으로 내리는 결정마다 그를 향하신 주님의 뜻과 일치하게 하소서. 제 아들의 성공과 행복과 인격적 성숙은 주님의 따뜻한 사랑과 진리의 빛 안에서 행할 때 비로소 가능해질 것입니다.

A Personal Prayer for My Son

아들을 위한
나의 기도

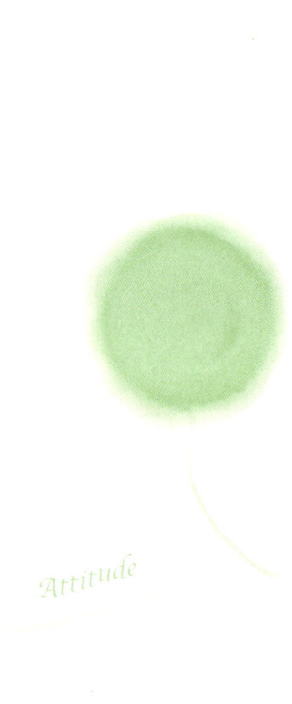

Attitude

태도
Attitude

너희는 유혹의 욕심을 따라 썩어져 가는 구습을 좇는 옛 사람을 벗어 버리고 오직 심령으로 새롭게 되어 하나님을 따라 의와 진리의 거룩함으로 지으심을 받은 새 사람을 입으라 _에베소서 4:22-24

태도의 변화

제 아들의 태도가 염려되는 날들이 있습니다. 그 완고한 성향을 어디서 배웠는지 모르겠습니다. 부정적인 태도를 어떻게 배웠는지 모르겠습니다. 언제부터 반항하기 시작했는지요? 분명 저의 부모님도 저의 성장 과정을 보면서 동일한 염려를 하셨을 것입니다.

하지만 주님은 의아하게 여기지 않으셨습니다. 주님은 제 마음을 아셨고 제게 변화의 시기가, 즉 삶을 주님께 맡길 때가 임할 것을 알고 계셨습니다. 제 아들에게는 마음과 태도와 자아의 변화가 여전히 숙제로 남아 있습니다. 그가 자신을 발견하려고 노력할 때 그리고 자신을 주님께 맡길 날이 다가올 때 제가 그를 무조건적으로 사랑할 수 있기를 원하며 기도합니다.

인내의 힘

제 아들은 슈퍼맨이 되고 싶어합니다. 망토와 다리에 꼭 붙는 바지를 입고서 집 주변을 돌아다니곤 합니다. 제가 알기로, 어린 남자아이들은 용사나 영웅이 되고 싶어합니다. 성벽을 무너뜨리고 승리를 선언하기를 원합니다.

인내할 수 있는 힘과 용기를 진정으로 배울 기회를 제 아들에게 허락하소서. 남자다움을 궁극적인 힘으로 보는 것이 아니라 주의 은혜로 강해질 수 있는 기회로 보게 하소서.

노하기를 더디 하는 자는 용사보다 낫고 자기의 마음을 다스리는 자는 성을 빼앗는 자보다 나으니라 _잠언 16:32

분을 쉽게 내는 자는 다툼을 일으켜도 노하기를 더디 하는 자는 시비를 그치게 하느니라 _잠언 15:18

마음의 진정제

자장가처럼 주의 사랑은 불안한 심령을 위로해 줍니다. 주님의 손길이 이마에 닿아 열을 내려 줍니다. 주께서 우리의 조급한 마음을 평온하게 바꾸시며, 우리가 곤경에 처할 때에도 그 평안은 계속됩니다. 주여, 주님은 마음의 진정제이십니다.

간구하오니, 제 아들이 살아가면서 주님의 치유의 손길을 개인적으로 알게 해주소서. 주님을 잘 앎으로 말미암아 그의 마음이 불화나 동요를 일으키지 않기를 바랍니다. 세상은 주님의 은혜의 능력을 절실히 필요로 합니다. 제 아들이 평생토록 평화의 도구가 되게 하소서.

A Personal Prayer for My Son

아들을 위한
나의 기도

Choices

선택
Choices

> 너는 그에게 기도하겠고 그는 들으실 것이며 너의 서원한 것을 네가 갚으리라 네가 무엇을 경영하면 이루어질 것이요 네 길에 빛이 비취리라 _
> 욥기 22:27-28

주님의 빛

무엇인가를 선택하기 전에, 항상 기도로 주님께 돌이키기를 원합니다. 우리 가족의 크고 작은 결정들을 접하면서, 제 아들은 모든 것을 기도로써 주님께 아뢸 수 있고 또한 아뢰어야 한다는 사실을 배웁니다.

제 아들의 길에 빛을 비추소서. 그가 갈림길에 처할 때, 주의 뜻에 따른 길을 보게 하소서. 결코 주의 길을 외면하지 않게 하시며, 항상 자신의 관심사를 주께 고하고 주님의 빛을 따르게 하소서.

주의 말씀을 청종하라

저는 아들에게 거듭 당부합니다. 그가 엉뚱한 것에 몰두하면, 제 입에서는 곧바로 질책이 나갑니다. 주께서 말씀으로 저를 인도하려 하실 때에도 제 마음이 얼마나 쉽게 산만해질 수 있는지를, 저는 압니다. 만일 주의 뜻이 이루어지길 기도하고서 다른 것들에 관심을 기울인다면, 저는 주께서 예비하신 삶을 선택하고 있는 것이 아닙니다.

주여, 주의 말씀에 귀기울이도록 저를 가르치소서. 제가 아들의 본이 되기를 원합니다. 그리하여 그로 하여금 항상 주의 말씀과 주의 음성을 찾게 하소서. 항상 곁에 계시는 분께 그의 귀가 열려 있게 하소서.

너와 네 자손이 살기 위하여 생명을 택하고 네 하나님 여호와를 사랑하고 그 말씀을 순종하며 또 그에게 부종하라 _신명기 30:19-20

지혜를 얻는 것이 금을 얻는 것보다 얼마나 나은고 명철을 얻는 것이 은을 얻는 것보다 더욱 나으니라 _잠언 16:16

우리의 선택

제 아들이 살아가면서 내리는 결정은, "오늘 어떤 옷을 입는 게 좋을까?"처럼 간단한 것부터 시작하여, "어떤 책을 읽는 게 좋을까?" 또는 "방학 때 어디로 여행을 갈까?"에 이르기까지 다양합니다. 하지만 그는 이보다 훨씬 더 중요한 선택들에 많이 직면할 것입니다. 그것들은 한번 결정되면 일관되게 따라야 할 선택입니다.

물질적인 유혹들이 도처에 자리 잡고 있습니다. 때로 그것은 축복의 모습을 띠기도 합니다. 그런가 하면, 어떤 경우에는 세상에 속한 것과 주님께 속한 것 간의 선택이라는 형태로 제시되기도 합니다. 항상 그가 세상적인 부요함보다는 지혜와 명철을 추구하게 해주소서.

A Personal Prayer for My son

아들을 위한
나의 기도

Humility

겸손
Humility

교만이 오면 욕도 오거니와 겸손한 자에게는 지혜가 있느니라 _잠언 11:2

넘어진 후에

저는 넘어진 아들의 상처 난 무릎을 치료해 주곤 했습니다. 또 그 눈의 눈물을 닦아 주었습니다. 하지만 제 아들이 입을 또 다른 상처도 저는 알고 있습니다. 그것은 바로 교만으로 인한 상처입니다. 누구나 그것에 걸려 넘어질 수 있습니다. 간구하오니, 그것으로 인해 소망마저 끊어질 만큼 너무 심하게 넘어지지 않도록 지켜주소서.

교만으로 인해 그 앞에 어떤 일이 닥치더라도, 저는 주께서 제 아들과 함께 계셔서 눈물을 닦으시며 겸손이라는 선물과 지혜의 힘으로 그를 치유해 주실 것을 믿습니다.

남을 낫게 여기고

저는 아들이 남을 배려하는 마음을 갖기를 원합니다. 다른 사람들의 필요와 근심을 진심으로 헤아리기를 원합니다. 주의 사랑을 배우게 하는 자들에게로 마음 문을 열게 하소서.

제 아들이 자신이 주님의 자녀라는 고귀한 정체성을 지님으로써, 이기적인 방식으로나 맹목적인 야심을 통해 자신의 가치를 입증시키려 하지 않게 하소서. 긍휼을 실천하는 이들과 함께 어울리게 하소서. 겸손과 의를 격려하는 방식으로 제 아들을 이끌 수 있도록 저를 이끌어 주소서.

아무 일에든지 다툼이나 허영으로 하지 말고 오직 겸손한 마음으로 각각 자기보다 남을 낫게 여기고 _빌립보서 2:3

젊은 자들아 이와 같이 장로들에게 순복하고 다 서로 겸손으로 허리를 동이라 하나님이 교만한 자를 대적하시되 겸손한 자들에게는 은혜를 주시느니라 _베드로전서 5:5

장로들에게 순복하라

새롭게 유행하는 것이면 무엇이든지 제 아들의 눈길을 끕니다. 저는 그가 과거의 유산과 장로들의 지혜를 존중하지 않을까봐 걱정됩니다. 저는 다른 사람들을 존중하며 그들의 말에 귀기울이는 법을 아들에게 가르치길 원합니다.

주님의 은혜가 겸손한 자에게 임한다는 것을 과연 제 아들이 알고 있습니까? 겸손한 심령의 가치를 그가 자각하고 있습니까? 자라면서 주님의 계획 속에서 만나는 자들의 가르침에 마음 문을 열 수 있도록 그를 깨우쳐 주소서.

A Personal Prayer for My Son

아들을 위한
나의 기도

Generosity

관용
Generosity

환난의 많은 시련 가운데서 저희 넘치는 기쁨과 극한 가난이 저희로 풍성한 연보를 넘치도록 하게 하였느니라 _고린도후서 8:2

베푸는 마음

제 아들이 힘든 상황에서도 주님의 기쁨을 발견하는 법을 배울 수 있게 하시고, 궁핍하거나 손실을 입은 상태에서도 주님의 은혜로 다른 사람들에게 베풀 것이 항상 있다는 사실을 깨닫게 하여 주소서. 주여, 관대하며 즐겁게 지내는 삶이 무엇인지를 더욱 잘 이해할 수 있는 상황으로 제 아들을 이끄소서.

이기심이나 잘못된 욕망을 부추기는 것들을 우리 가정에서 제거하기를 원합니다. 주님의 부요함을 사모하는 가운데, 우리가 남을 도우며 궁핍 속의 부요함을 실현하기를 원합니다. 제 아들이 시련에 처하든 축복 가운데 처하든, 항상 주님께 고정된 마음을 갖게 하소서.

리더로서의 모범

저는 제 아들에게서 리더십을 봅니다. 아들의 직업과 나아갈 길과 열정을 위해 주께서 마련해 주신 은사는 참으로 놀랍습니다. 저는 제 아들이 항상 주님께 영광 돌리는 길로 행하기를 원합니다. 그의 말과 행실을 통해 주께 영광을 돌리며 그래서 그를 따르는 자들이 그의 삶에 미치는 주님의 손길을 보게 되기를 기도합니다.

하나님, 제 아들의 삶을 통해 복음이 증거되기를 원합니다. 어떤 일을 만나도 창조주이신 주님을 의존하게 하시고 주님의 선하심을 드러내는 청지기로서의 관대함을 드러내게 하소서. 담대히 신앙을 고백하는 용기를 허락하셔서, 그의 순종으로 인해 많은 사람들이 주께로 돌이키게 하소서.

이 직무로 증거를 삼아 너희의 그리스도의 복음을 진실히 믿고 복종하는 것과 저희와 모든 사람을 섬기는 너희의 후한 연보를 인하여 하나님께 영광을 돌리고 _고린도후서 9:13

너희는 하나님의 택하신 거룩하고 사랑하신 자처럼 긍휼과 자비와 겸손과 온유와 오래 참음을 옷 입고 _골로새서 3:12

하나님의 사랑을 입으므로

저는 아들에게 주님의 사랑을 보여주기 위해 여러 노력을 합니다. 그를 격려하며 용서와 신실함을 보여주려고 최선을 다합니다. 제 아들이 제게는 축복입니다. 하지만 하나님 아버지, 진정 제 아들을 선하게 만드는 것은 주님의 자녀라는 정체성입니다. 주님의 손길로 그의 심령을 다듬어 주소서.

제 아들이 긍휼과 자비와 겸손과 온유와 오래 참음을 나타낼 수 있는 것은 주님께 사랑을 받기 때문입니다. 오늘 제가 주님께 나아가 제 아들을 항상 관용의 길로 인도해 달라고 간구드릴 수 있는 것도, 주께서 제 아들을 사랑하시기 때문입니다.

A Personal Prayer for My Son

아들을 위한
나의 기도

생명

큰 사랑

거짓된 친구들을 조심하고, 궁핍한 자들을 도우라고, 또한 이리저리 휩쓸리지 말라고 아들에게 당부합니다. 때로는 아들이 거부감을 표하기도 하고, 제 말에 귀를 기울이기도 합니다.

제 말이 아들의 마음에 아련한 기억으로만 남을 수도 있고 교훈으로 새겨질 수도 있습니다. 저는 자신이 가진 모든 것으로써 주님을 추구하고 다른 이들을 사랑하는 사람으로 아들을 키우기를 간절히 소원합니다.

주여, 제가 아들을 낳았지만, 아들에게 생명을 주신 이는 주님이십니다. 이 큰 사랑이 앞으로 계속해서 아들을 감싸 기를 기도드립니다.

내 아들아 내 말에 주의하며 나의 이르는 것에 네 귀를 기울이라 그것을 네 눈에서 떠나게 말며 네 마음속에 지키라 그것은 얻는 자에게 생명이 되며 그 온 육체의 건강이 됨이니라 무릇 지킬 만한 것보다 더욱 네 마음을 지키라 생명의 근원이 이에서 남이니라 _잠언 4:20-23

사명선언문

너희가 흠이 없고 순전하여……세상에서 그들 가운데 빛들로
나타내며 생명의 말씀을 밝혀 _ 빌 2:15-16

1. 생명을 담겠습니다
만드는 책에 주님 주신 생명을 담겠습니다.
그 책으로 복음을 선포하겠습니다.

2. 말씀을 밝히겠습니다
생명의 근본은 말씀입니다.
말씀을 밝혀 성도와 교회의 성장을 돕겠습니다.

3. 빛이 되겠습니다
시대와 영혼의 어두움을 밝혀 주님 앞으로 이끄는
빛이 되는 책을 만들겠습니다.

4. 순전히 행하겠습니다
책을 만들고 전하는 일과 경영하는 일에 부끄러움이 없는
정직함으로 행하겠습니다.

5. 끝까지 전파하겠습니다
모든 사람에게, 땅 끝까지, 주님 오시는 그날까지
복음을 전하는 사명을 다하겠습니다.

서점 안내

광화문점 서울시 종로구 새문안로 69 구세군회관 1층
02)737-2288 / 02)737-4623(F)

강남점 서울시 서초구 신반포로 177 반포쇼핑타운 3동 2층
02)595-1211 / 02)595-3549(F)

구로점 서울시 동작구 시흥대로 602, 3층 302호
02)858-8744 / 02)838-0653(F)

노원점 서울시 노원구 동일로 1366 삼봉빌딩 지하 1층
02)938-7979 / 02)3391-6169(F)

일산점 경기도 고양시 일산서구 중앙로 1391 레이크타운 지하 1층
031)916-8787 / 031)916-8788(F)

의정부점 경기도 의정부시 청사로47번길 12 성산타워 3층
031)845-0600 / 031)852-6930(F)

인터넷서점 www.lifebook.co.kr